CHERCHE et TROUVE

Disney · PIXAR

L'UNIVERSITÉ DES MONSTRES

À l'Université des Monstres, Mike est étonné de voir des étudiants si différents les uns des autres. Trouve ces monstres uniques sur le campus.

Chet Alexander

Britney Davis

Percy Boleslaw

Debbie Gabler

Nancy Kim

Jay des inscriptions

Mike et Sully ont abîmé la bonbonne à cris de la Doyenne. Trouve ce matériel scolaire pendant que Mike et Sully essaient d'arranger les choses avec la Doyenne.

Une boîte à goûter

De la colle

Une calculatrice

Une règle

Un surligneur

Un sac à dos de l'Université des Monstres

La Doyenne renvoie Mike et Sully. Mais Mike a un plan pour être réadmis au cursus terreur : il va devenir membre d'une association étudiante et remporter les Jeux de la peur ! Cherche Mike, Sully et leurs confrères qui participent à la grande compétition.

Sully

Terri & Terry

Mike

Don

Squishy

Art

Mike et Sully vont être admis dans l'association Oozma Kappa. Pendant qu'ils font connaissance avec leurs nouveaux confrères, trouve ces objets appartenant aux monstres.

Le journal des rêves d'Art

La carte de visite de Don

Deux palettes

Le panier de linge de Mme Squibble

Du chocolat chaud

Les chaussures de Squishy

Les Oozma Kappa doivent faire bonne figure aux Jeux de la peur! Il faut qu'ils prennent leur drapeau tout en évitant la bibliothécaire. Pendant que Mike et ses confrères s'occupent du drapeau, trouve ces objets bruyants qui pourraient mettre la bibliothécaire en colère.

Un réveille-matin

Une cloche

Une radio

Une gomme à mâcher

Un porte-voix

Un téléphone

Des ongles crissant sur un tableau

La compétition est serrée entre les associations étudiantes. Mike et Sully s'entraînent en vue de la finale des Jeux de la peur. Trouve ces objets pendant qu'ils se préparent.

L'appareil dentaire de Mike

Une affiche des Jeux de la peur

Le peigne et la brosse de Sully

Petit Mike

La casquette UM de Mike

Le sac à dos de Sully

Après les Jeux, Mike se faufile chez les humains pour prouver qu'il fait peur. Mais il finit piégé dans une cabane avec Sully ! Leur seul espoir de retourner chez les monstres est d'effrayer les gens jusqu'à ce que la porte du placard s'ouvre d'elle-même. Trouve ces forestiers apeurés.

Après leur passage à l'Université des Monstres, Mike et Sully ont trouvé un emploi chez Monstres, Inc. Wazowski et Sullivan commencent à la salle du courrier, mais ils ont un bel avenir devant eux ! Aide-les à trouver ces colis et ces objets qu'il faut livrer.

Une carte postale de l'école des HEP

Des timbres du CDA

Un colis suspect

Le magazine Monstre

Le magazine Bave

Des biscuits à la crotte de nez

ROR est l'une des associations étudiantes qui existent sur le campus. Retourne là-bas et trouve ces présidents.

Carrie Williams

Johnny Washington

Claire Wheeler

Rosie Levin

Roy Big Red

Carla Delgado

Sully rêve de se joindre à ROR, mais il y a d'autres associations sur le campus ! Retourne à l'auditorium et trouve ces choses qui appartiennent à des membres d'associations monstrueuses.

Un drapeau

Un t-shirt

Une brochure

Une veste

Une bouteille d'eau

Une casquette ROR

Les membres les plus populaires des associations fréquentent le campus. Retourne à l'ouverture des Jeux de la peur et trouve ces lettres grecques.

Oméga

Pi

Delta

Sigma

Lambda

Thêta

Les Oozma Kappa ne sont pas reconnus pour leurs fêtes ! Retourne à ce que Squishy appelle « la fête perpétuelle » et trouve ces objets pas très festifs.

Ce napperon

Un dentier de monstre

Un bol de prunes

Des aiguilles à tricoter et de la laine

Une carte de bingo

Une casquette Oozma Kappa

Avec tout ce désordre à la bibliothèque, il faudra des semaines à la bibliothécaire pour reclasser tous les livres! Aide-la à trouver ces livres qu'il faut ranger.

Effrayant 101

Conception de machine à cris

Technologie des portes

Monstruosités

Effrayer la théorie vol. 7

L'énergie des cris

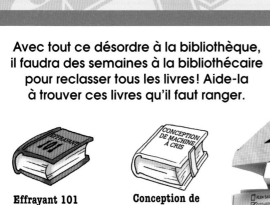

Mike et Sully collectionnent les cartes de peur. Mike en a 6 000! Retourne à leur chambre pour trouver celles-ci.

Dans la cabane, Mike et Sully ont tout fait pour terrifier les forestiers. Retourne là-bas et cherche ce qui a bien fonctionné!

Des marques de griffes

Une rame

Un tourne-disque

Un rideau

Un tisonnier

Un ventilateur

À l'aube de leur carrière chez Monstres, Inc., Sully et Mike rencontrent certains collègues très intéressants. Trouve ces photos d'eux :

M. Strident

L'employé du mois

« Le Hurleur » Bob Gunderson

Earl « La Terreur » Thompson

« L'effrayant » Frank McCay

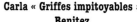

Carla « Griffes impitoyables » Benitez